"Se os vendedores malsucedidos começarem a imitar tudo o que os profissionais de sucesso fazem, também alcançarão o sucesso."

"Como apenas os clientes têm o poder de compra, o objetivo de cada visita de vendas é descrever o comportamento do cliente, não do vendedor."

# POR QUE OS CLIENTES NÃO FAZEM O QUE VOCÊ ESPERA?

**24 dicas para superar problemas na área de vendas**

Ferdinand Fournies

Título original: *Why Customers Don't Do What You Want Them to Do*
Copyright © 2003 por Ferdinand Fournies
Copyright da tradução © 2006 por GMT Editores Ltda.
Todos os direitos reservados. Nenhuma parte deste livro pode ser reproduzida sob quaisquer meios existentes sem autorização por escrito dos editores.
Publicado em acordo com a McGraw-Hill Companies, Inc.

*tradução:* Eduardo Refkalefsky
*preparo de originais:* Débora Chaves
*revisão:* Sérgio Bellinello Soares e Tereza da Rocha
*projeto gráfico e capa:* Cristiano Menezes
*diagramação:* Marcia Raed
*impressão e acabamento:* Lis Gráfica e Editora Ltda.

CIP-BRASIL. CATALOGAÇÃO-NA-FONTE
SINDICATO NACIONAL DOS EDITORES DE LIVROS, RJ

F861p

    Fournies, Ferdinand F.
        Por que os clientes não fazem o que você espera? / Ferdinand Fournies; [tradução de Eduardo Refkalefsky]. – Rio de Janeiro: Sextante, 2006.

        Tradução de: Why customers don't do what you want them to do
        ISBN 85-7542-250-2

        1. Vendedores - Treinamento. 2. Vendas - Administração. 3. Venda. I. Título.

06-3375
                                                                                CDD 658.81
                                                                                 CDU 658.811

Todos os direitos reservados, no Brasil, por
GMT Editores Ltda.
Rua Voluntários da Pátria, 45/1.404 – Botafogo
22270-000 – Rio de Janeiro – RJ
Tel.: (21) 2538-4100 – Fax: (21) 2286-9244
E-mail: atendimento@esextante.com.br

# SUMÁRIO

Por que os clientes não fazem o que você espera? **06**

Seja profissional **08**

Comece com cenários e estratégias **10**

Entenda o desinteresse e então investigue as necessidades **13**

Concentre-se nos clientes com maior potencial **16**

Mantenha o foco no planejamento das vendas futuras **18**

Analise o modo de pensar do cliente **20**

Descubra as necessidades do cliente **23**

Apresente os benefícios para o cliente **25**

Estabeleça um relacionamento agradável com o cliente **28**

Especifique o que você deseja que seu cliente faça **30**

Certifique-se de que o cliente compreendeu a mensagem **32**

Conquiste a confiança com provas **35**

Lide com os problemas antecipadamente **37**

Supere as objeções de compra **40**

Reverta os comentários negativos **42**

Faça um acompanhamento das ações do cliente **44**

Ajude nos problemas prioritários **46**

Guie o cliente durante o processo de decisão de compra **49**

Trabalhe com quem tem poder de decisão **51**

Ajude o cliente a fazer a melhor compra **53**

Mire na satisfação do cliente, antes e depois da venda **56**

Facilite as negociações **58**

Trabalhe todas as habilidades ao mesmo tempo **61**

Guia para o vendedor profissional: um resumo **64**

# ◎ POR QUE OS CLIENTES NÃO FAZEM O QUE VOCÊ ESPERA?

A atividade de vendas é um dos poucos trabalhos realmente excitantes que ainda existem nos dias de hoje. Vender é como aventurar-se – exige planejamento, organização, estudo, disciplina e muito trabalho duro. Não é todo mundo que percebe que o sucesso depende de sua própria habilidade de fazer a coisa certa na hora certa.

Depois de 20 anos trabalhando como vendedor, cheguei à conclusão que "vender é gerenciar a compra". Isso significa utilizar as melhores técnicas comerciais de modo que os compradores possam colocar em prática suas melhores técnicas de aquisição. Pode parecer simples, mas o impacto real dessa definição é ter clareza a respeito dos próximos passos e dos objetivos do cliente.

Sem essa perspectiva, os vendedores tendem a estabelecer objetivos que descrevem o que eles mesmos farão ("como apresentarei, demonstrarei e/ou conhecerei"), mas a verdade é que gerenciar uma negociação significa manter o foco nas ações de compra, não nas de venda. E fazer tudo o que for necessário e específico para que o fechamento se concretize.

Os vendedores de melhor desempenho executam com maestria esses princípios de gerenciamento de venda ao estabelecer um objetivo mensurável de ação do cliente para cada visita. Acompanhe o passo-a-passo ideal:

Visita 1: O cliente faz um diagnóstico das necessidades da empresa, informando quem tem o poder de decisão para a compra do produto/serviço em questão e qual é o orçamento disponível, e agenda uma visita para que o vendedor apresente sua proposta.

Visita 2: Os potenciais usuários do cliente testam a demo do produto/serviço e informam se atende às necessidades da empresa, de modo que o responsável pela compra tome a decisão de fechar ou não o negócio.

Visita 3: O cliente assina a ordem de pedido e especifica a quantidade, a configuração e o prazo desejados.

Nesse exemplo, o vendedor de alto desempenho sabe exatamente como quer que o cliente se comporte em cada encontro de venda. Ele usa a estratégia de fazer várias visitas para acompanhar a evolução do processo de venda e uma meta final, indicando as ações que espera do cliente. Também define objetivos mensuráveis para cada encontro, com diretrizes específicas sobre como proceder ao longo do caminho. Dessa forma, ele pode saber quando está vencendo ou perdendo o jogo.

> "O vendedor competente é aquele que deixa o comprador satisfeito."
> ANÔNIMO

◯ VENDER, VENDER, VENDER

◉ SEJA PROFISSIONAL

O profissional de vendas tem seu desempenho avaliado pelo conjunto de ações no dia-a-dia e pela busca da excelência. Nesse cenário, possuir diplomas ou títulos não faz a menor diferença – a qualidade de seu desempenho é o que vale. E isso, em geral, se traduz em uma habilidade invejável (dificilmente alcançada pelas outras pessoas) e um estilo de trabalho que parece não exigir nenhum esforço especial.

Para o bom profissional, o velho ditado "o ótimo é inimigo do bom" é um mantra cotidiano. Em vez de dizer para si mesmo "você é o máximo!", ele fala "você pode melhorar!" e nunca se acomoda, parecendo buscar continuamente ser cada vez melhor naquilo que já faz bem.

Outra característica é dar total atenção às metas, acompanhando cada variação da negociação e fazendo pequenos ajustes. E não fazer nada pela metade, só descansando quando as tarefas tiverem sido cumpridas.

Essa busca da excelência leva a uma eterna tentativa de melhorar, o que significa repetir a mesma tarefa diversas vezes para chegar o mais próximo possível da perfeição. Isso faz com que o profissional de vendas se torne um especialista, um profundo conhecedor de todas as nuances de um determinado assunto.

Todas essas características permitem que esse tipo de profissional se mantenha um passo adiante da concorrência e até mesmo dos colegas. Veja o caminho a ser percorrido para que você também possa chegar lá:

**Conheça seu produto e o da concorrência:** Estude o produto, a empresa, o mercado, os concorrentes e os clientes. Procure você mesmo a informação, não delegue. Diferencie-se ao se tornar um especialista.

**Estabeleça metas e planeje como atingi-las:** Faça uma lista das prioridades e estabeleça um ranking para cada uma delas, de acordo com sua contribuição para o sucesso nas vendas. Concentre-se apenas no que está em primeiro lugar em termos de importância e gaste seu tempo objetivamente, de preferência com assuntos relevantes.

**Busque a perfeição e tente melhorar sempre:** Quando um ator encena uma peça de Shakespeare durante 30 anos, não precisa mudar o texto; ele apenas tenta melhorar sua performance a cada vez. O mesmo se aplica à área de vendas.

> "Os amadores têm esperança, os profissionais trabalham."
> GARSON KANIN

◯ PRATIQUE SUA JOGADA

⊙ **COMECE COM CENÁRIOS E ESTRATÉGIAS**

O caminho para o sucesso em qualquer visita de vendas é fazer o dever de casa, ou seja, entender o ponto de vista do cliente e captar suas razões para a compra. Só assim você conseguirá desenvolver uma estratégia eficiente, com ações objetivas para cada visita de vendas.

A forma mais eficiente de descobrir o que o cliente realmente deseja é fazer com que ele mesmo descreva suas necessidades. A responsabilidade por coletar essas informações é sua e quanto maior for sua habilidade em fazer as perguntas corretas, mais você aprofundará o perfil do cliente e, como conseqüência, aumentará seu resultado de vendas.

Eis uma verdade simples sobre a arte de vender: para obter o máximo de cooperação, basta formular perguntas que façam sentido. Isso significa analisar todas as situações como se você fosse o cliente. Mas se você não conseguir compreender a situação como um todo, não adianta colocar a culpa no cliente pelo fracasso da negociação.

Uma boa idéia é criar uma estratégia de vendas ao contrário – isso mesmo, de trás para a frente. Comece com o objetivo do último encontro e vá voltando. Se uma seqüência de visitas é necessária para vender seu produto, planeje conseguir determinadas coisas em cada um dos encontros até chegar ao fechamento.

A experiência mostra que partir para concluir a venda logo nos primeiros contatos é fracasso certo porque o cliente, em geral, ainda não está pronto para comprar.

Com esse planejamento, um passo-a-passo detalhado sobre o número de visitas programadas e o "objetivo de ação para o cliente" (OAC), não há o que errar.

Veja quais são as etapas fundamentais:
- A ação deve ser visível para o cliente.
- A ação deve ocorrer durante uma visita de vendas.
- A ação deve impulsionar o processo de vendas (deixar o cliente mais próximo da compra).

Para consolidar o caminho para a realização de outros encontros de venda bem-sucedidos, você também cumprir as seguintes etapas:

**Veja a situação com os olhos do cliente:** Para entender o ponto de vista do cliente, todas as perguntas que você fizer devem se enquadrar em uma dessas três categorias:
- Descubra *fatos*, ou seja, aspectos quantitativos da situação.
- Peça a *opinião* do cliente sobre o que ele pensa ou necessita.
- Solicite *ações* específicas do cliente para poder avançar no processo de venda.

**Crie uma estratégia de venda:** Use a abordagem reversa. Na maior parte dos casos, ela conduz à estratégia de venda mais curta e ao fechamento mais rápido.

**Estabeleça objetivos de ação do cliente para cada encontro:** Determine um objetivo mensurável para cada visita de venda.

Descreva o que o cliente deve fazer em cada uma delas para sinalizar que você foi bem-sucedido. Só assim você consegue manter o processo sob controle.

> "Não existe venda fácil ou venda difícil, o que existe são vendas inteligentes e vendas idiotas."
>
> CHARLES BROWDER

## ACEITE A FALTA DE INTERESSE COMO SINAL DE DERROTA

## 🎯 ENTENDA O DESINTERESSE E ENTÃO INVESTIGUE AS NECESSIDADES

Um dos aspectos mais desestimulantes da atividade de vendas é o grande número de clientes que parecem não estar interessados em você, na sua empresa ou nos produtos que você representa. Você telefona, tenta agendar reuniões, se esforça, mas obtém pouco progresso. O feedback é quase sempre o mesmo: "Vou pensar no seu caso", "Não precisamos disso" ou "Não queremos mudar nada por enquanto".

Uma das razões para essa aparente falta de interesse está no fato de os *clientes não estarem dispostos a fazer o que você espera que eles façam*. Obviamente você quer que eles comprem seu produto/serviço, falta apenas convencê-los disso.

Comece tentando entender a situação, de modo que as coisas comecem a fazer sentido. E o inverso é igualmente verdadeiro: suas ações também precisam ser transparentes para o cliente.

Acompanhe duas situações-exemplo e aprenda como agir:

Cliente 1: Não precisamos disso.

Você: Como assim?

Cliente 1: Temos estoque para 12 meses.

Conclusão: Ele não precisa disso *agora*.

Cliente 2: Não precisamos disso.
Você: Como assim?
Cliente 2: Estamos satisfeitos com nosso fornecedor.
Você: A maioria das empresas que nós contatamos está satisfeita com seus fornecedores. Uma das razões pelas quais nós queremos falar com você é que desenvolvemos algumas modificações no produto que podem diminuir seu custo de manutenção em 15%. Reduzindo esse custo, imagine quanto você poderá economizar por ano?
Cliente 2: Não creio que vocês consigam isso.
Você: Quase todo mundo diz isso no primeiro contato. Mas se nós pudermos realmente fazer sua empresa economizar 15%, não será produtivo disponibilizar 15 minutos da sua agenda para que possamos mostrar como faremos isso?
Cliente 2: Sim.
Conclusão: Ele não sabe de que maneira o produto/serviço pode ajudá-lo.

A lição básica é: não deixe o desinteresse inicial enganá-lo. Entenda a situação para poder avançar no processo de venda:

**Analise a situação e o ponto de vista do cliente:** Como você pode ver, mesmo que muitos clientes digam "não precisamos disso", cada situação é diferente. A análise efetiva da situação o ajudará a entender a posição de cada cliente e a aplicar a melhor estratégia de venda.

**Descubra o que o cliente está pensando:** A única forma de conseguir isso é fazendo perguntas adequadas. Concentre-se em coletar informações que o ajudem a classificar os clientes como uma forma de modular sua estratégia de venda.

**Revele necessidades e oportunidades:** Ao perguntar, ajude o cliente a identificar necessidades específicas, como redução de custos, aperfeiçoamento de produtos e serviços mais rápidos. Mostre como seu produto/serviço pode atender a essas necessidades.

> "Na área de vendas, como na medicina, a prescrição de um remédio antes do diagnóstico é um erro grave."
>
> JOHN NAISBITT

○ ABORDE TODOS OS CLIENTES

◎ CONCENTRE-SE NOS CLIENTES COM MAIOR POTENCIAL

Quando os clientes alegam não precisar do que você está vendendo, as razões apresentadas são diversas:
- A empresa já tem o melhor produto/serviço e também o melhor preço, forma de pagamento e prazo de entrega.
- Não utilizam o que você está vendendo.
- Estão saindo do mercado.
- Não têm necessidade de um produto/serviço diferente do que estão usando no momento.
- Você não tem nada a oferecer a eles.

Para ser bem-sucedido é preciso ter foco. Portanto, não tente abordar todos os clientes ao mesmo tempo. Estude o perfil de cada um e identifique quem apresenta alto ou baixo potencial de compra. Classifique-os de acordo com o tamanho do negócio, a experiência na utilização de produtos similares e o uso de produtos concorrentes.

Analise o que os maiores clientes têm em comum. Se você descobrir que empresas com 500 ou mais funcionários compram freqüentemente seu produto ou outro similar, não tenha dúvida – trata-se de clientes de "alto potencial" que devem ganhar seu interesse. Já os que utilizam produtos superiores da concorrência devem entrar na categoria "baixo potencial".

Uma vez, observei um profissional tentando vender um display de champanhe para uma pequena loja de bebidas onde os fregueses compravam basicamente cerveja e vinho barato. O vendedor persistiu mesmo quando o proprietário repetiu três vezes que em sete anos ninguém nunca havia pedido champanhe. Esse é um caso clássico de desperdício de tempo e esforço. É mais produtivo empregar o seu tempo de forma inteligente, ou seja, mantendo o foco naqueles clientes com maior potencial de fechamento.

**Classifique os clientes antes de abordá-los:** Bons vendedores são bastante eficazes em qualificar o potencial dos possíveis clientes telefonando antes de agendar uma visita. A qualificação correta aumenta significativamente o retorno do tempo investido.

**Identifique os clientes com maior potencial:** Se a qualificação pelo telefone não for possível, classifique cada contato como de alto ou baixo potencial antes de iniciar a apresentação. Procure primeiro aqueles com maior potencial.

**Certifique-se de que o cliente precisa de seu produto/serviço:** O pior investimento de tempo é aquele em que se tenta vender algo de que o cliente não precisa. Se esse é o seu caso, procure novos contatos.

> "A habilidade de concentração e o uso do tempo de forma inteligente são tudo no mundo dos negócios."
> LEE IACOCCA

# ACEITE QUE VOCÊ NÃO PODE VENCER TODAS

## MANTENHA O FOCO NO PLANEJAMENTO DAS VENDAS FUTURAS

Quando o cliente diz "não preciso disso", na verdade está dizendo "não preciso disso agora". Ele até usa o tipo de produto ou serviço que você oferece, mas como naquela ocasião não está precisando de nada (os negócios vão mal ou há um grande estoque), a negativa se refere ao momento.

Se ele acabou de se abastecer com a concorrência, você se odiará por não ter ligado antes. Pior ainda se descobrir que o concorrente não apenas fechou a venda, mas também amarrou o cliente com acordos de longo prazo. Mesmo que você consiga passar pela recepcionista e apresentar seu produto, estará perdendo seu tempo com esse cliente.

Um cliente só pode ser considerado de "grande potencial" quando:
- Você tiver um produto/serviço e condições de venda superiores aos do concorrente.
- Você puder oferecer meios eficientes de esgotar o estoque atual do cliente ou quebrar os contratos de longo prazo sem prejuízo para ele.

De qualquer forma, não abandone esse cliente. Pense criativamente e descubra o seu nível de satisfação com o fornecedor atual, quais são suas necessidades futuras, quem toma as decisões de compra e quem as influencia.

Veja o passo-a-passo a seguir nas situações de venda com os clientes que "não precisam disso *agora*":

**Estime o potencial do negócio:** Se o cliente tiver comprado algo da concorrência, pergunte se ele tem estoques altos ou contratos de longo prazo. Se tiver, seja realista: o potencial para fechar uma venda é baixo no momento.

**Planeje uma estratégia para o futuro:** Agende contatos futuros para entender a utilização do produto pelo cliente e seu padrão de compra, e planeje suas atividades de venda de forma que coincidam com o próximo ciclo de compra.

**Estabeleça uma relação cordial e desenvolva um plano de venda:** Use o seu tempo para contatos de forma inteligente. Estabeleça interações amigáveis e crie um plano de vendas para o futuro. Fique atento para a satisfação total do cliente e suas necessidades futuras. Abra caminho para contatos de longo prazo.

> "Toda venda apresenta cinco obstáculos: nenhuma necessidade, nenhum dinheiro, nenhuma pressa, nenhum desejo e nenhuma confiança."
> ZIG ZIGLAR

## ○ ACEITE QUE O CLIENTE SABE MAIS

## ◉ ANALISE O MODO DE PENSAR DO CLIENTE

É comum o cliente não ter consciência dos próprios problemas porque já se acostumou com a situação e, no fundo, acredita que eles não podem ser resolvidos — pelo menos não totalmente. É quase certo que alguns dos processos e sistemas utilizados por ele estejam precisando de um bom *upgrade*, assim como algumas planilhas de custos talvez necessitem de cortes urgentes, mas o que ele não sabe é se o produto/serviço que você representa pode atendê-lo convenientemente.

Por "convenientemente" entenda custos, tamanho, quantidade, distribuição rápida e eficiente, adequação, segurança ou treinamento de pessoal, entre outros.

Do ponto de vista do cliente, o mundo pode ser resumido da seguinte forma:
- "Estamos usando o melhor que conseguimos comprar de acordo com o orçamento disponível."
- "Experimentamos tudo e descobrimos o que funciona melhor para nós."
- "Todos os produtos disponíveis no mercado são iguais."
- "Temos problemas de distribuição, mas quem não tem?"

Se o seu produto/serviço atender melhor às necessidades do cliente do que o da concorrência, o cliente em potencial entra para a categoria "alto potencial". Basta oferecer soluções e suas chances de fechar negócio aumentam.

O cliente sabe que tem problemas e está aberto a discuti-los, a questão é que ele acha que não existem soluções – daí sua dificuldade em agendar um encontro. Portanto, seu desafio é fazer com que ele se abra e fale sobre o assunto.

Caso argumente que "nosso problema não tem solução, então por que eu preciso lhe abrir um espaço na agenda?", tente as seguintes abordagens:

"Gostaria de conversar com você sobre as novas soluções descobertas para a área de [...] e que podem ser aplicadas nessa situação."

"Gostaria de conhecer sua opinião sobre a recente [pesquisa ou informação] que pode ajudar a resolver esse impasse."

Você pode vencer nessas situações adversas. Mas lembre-se de que precisa escolher a melhor estratégia:

**Apresente um novo enfoque para o problema do cliente:** Venda fácil é aquela em que o produto/serviço é adequado ou quando você ajuda o cliente a entender que há solução para o problema. A palavra-chave aqui é *aprender*.

**Entenda a visão do cliente:** A única maneira de fazer isso é convencendo o cliente de que o problema dele tem solução. Marque um encontro para discutir pesquisas ou soluções para as necessidades dele. É importante demonstrar os benefícios de seu produto.

**Avalie o custo-benefício do esforço de venda:** Se alguém estiver retardando a decisão de compra, leve em conta o esforço e o tempo empregados com esse cliente em potencial. Pode ser mais vantajoso e produtivo procurar outro comprador cujos obstáculos sejam mais facilmente contornáveis. É importante saber a hora de parar e partir para outro projeto.

> "Quando o produto é adequado, você não precisa ser um gênio do marketing."
> LEE IACOCCA

## ESPERE O CLIENTE RECONHECER AS NECESSIDADES

## DESCUBRA AS NECESSIDADES DO CLIENTE

Vender é uma atividade que já foi definida como a capacidade de descobrir as carências dos clientes e procurar satisfazê-las da melhor forma possível. Essa definição implica um processo que tem duas etapas: a primeira é *descobrir as necessidades* e a segunda é *apresentar as soluções* (produto/serviço).

Em geral, os clientes que se dizem satisfeitos não têm consciência de que passam por algum tipo de problema. Não percebem como a vida seria melhor se pudessem usar o produto/serviço que você apresenta e ignoram os benefícios agregados – maior rentabilidade, manutenção mais barata, custos mais baixos, melhores condições de pagamento (o que melhora o fluxo de caixa), entrega mais conveniente e maior prestígio, conforto e segurança.

Exemplos: o cliente que usa uma copiadora que precisa esquentar por 40 segundos não sabe que o equipamento que você está oferecendo não precisa de preaquecimento; quem compra um seguro contra incêndio não conhece as cláusulas que reduzem a prestação do serviço; o investidor que tem um portfólio conservador de ações, com altos dividendos, não percebe que a inflação está minando o patrimônio das empresas; o gerente financeiro que usa um pacote de software para contabilidade não tem noção de que o seu programa é 20% mais rápido e igualmente eficaz.

Clientes desse tipo representam, na verdade, uma grande oportunidade para um bom profissional de vendas – especialmente se o seu produto/serviço atender às suas necessidades melhor que o da concorrência. Para realizar esse processo e poder enquadrá-lo como um cliente de "alto potencial", siga estas três dicas:

**Seja o consultor do cliente:** Não inicie a conversa apresentando soluções. Convença o cliente da importância de conhecer mais profundamente a situação dos negócios dele.

**Convença o cliente de que há uma necessidade:** O ponto central para fechar uma venda está em fazer o cliente concordar que a necessidade existe. Quando você usa o ponto de vista do cliente para falar do problema dele, fica claro por que o diálogo é importante.

**Planeje sua estratégia de vendas de acordo com o problema do cliente:** Quando você tiver identificado cada uma das objeções do cliente, desenvolverá com mais facilidade a melhor estratégia de vendas (quantos encontros, etc.) e a apresentação mais adequada para o caso.

"Oportunidade é escolher o momento certo de compreender um desapontamento."

ANÔNIMO

## SOTERRE O CLIENTE EM INFORMAÇÕES

# APRESENTE OS BENEFÍCIOS PARA O CLIENTE

Quando um cliente sabe que tem um problema e acredita que ele pode ser resolvido, sua única dúvida é se o produto/serviço que você está oferecendo é mesmo a melhor solução. Esse é o tipo de obstáculo no processo de venda que pode aparecer depois que você fez a apresentação do produto e ainda não convenceu completamente o cliente. Não espere ouvir alegações francas e diretas como: "Ainda não estou convencido de que devo comprar seu produto." As respostas normalmente são mais sutis:

- "Não vamos tomar a decisão neste momento."
- "Você tem um bom produto, mas não é adequado para nós."
- "Gostei muito, mas quero pensar mais no assunto."

Muitos vendedores fracassam quando suas respostas *não satisfazem o cliente*, ou seja, não respondem à sua dúvida fundamental: "Por que eu devo comprar este produto?" Há duas razões para isso: a primeira é que os vendedores confundem *características* do produto com *benefícios*.

Quando você descreve as *características*, está explicando "até que ponto seu produto é bom" e por que o está vendendo. Ao enumerar os *benefícios*, você responde à seguinte questão: "Como o cliente vai se beneficiar comprando o produto?" A segunda razão para o fracasso está no fato de os vendedores comunicarem mal a relevância do produto.

Veja as armadilhas mais comuns:
- Falar sobre benefícios do produto que não estejam relacionados ao cliente.

Solução: Perguntar se os benefícios que você descreveu são úteis e se resolvem o problema do cliente.
- Perder a atenção do cliente.

Solução: Fazer perguntas ao longo da apresentação para garantir que o cliente está acompanhando e entendendo sua mensagem.
- Usar raciocínios complicados, falar rápido ou murmurando.

Solução: Planeje o que você pretende dizer e pratique. Grave, filme e ensaie diante do espelho. Vale tudo para melhorar seu desempenho.

Quando o cliente alega "não preciso do seu produto", isso não significa que o processo de venda chegou ao final. Nada disso. É apenas o começo! Com isso em mente, tome as seguintes providências:

**Colete informações para classificar corretamente a situação do cliente:** Os clientes, na maioria das vezes, têm uma visão errada deles mesmos. Quem diz "não preciso disso" geralmente está mal informado. Faça perguntas adequadas para mapear a situação e tentar reverter o rumo da negociação.

**Apresente as características e os benefícios do produto:** Torne-se um especialista nas características e nos benefícios do produto/serviço. Reconheça que os clientes não são iguais e relacione os benefícios específicos para cada um deles.

**Ajude o cliente a descobrir como o produto o beneficiará:**
Para se certificar de que todo benefício mencionado será importante para o cliente, pergunte a ele, após apresentar cada um, se a vantagem é útil, se agrega valor e se resolve o problema dele.

"Uma venda normal é fechada após o cliente em potencial dizer 'não' pelo menos sete vezes."
JEFFREY P. DAVIDSON

## ⊙ VÁ DIRETO AOS NEGÓCIOS

## ⊙ ESTABELEÇA UM RELACIONAMENTO AGRADÁVEL COM O CLIENTE

Há clientes que não gostam de se relacionar com vendedores. Mas mesmo esses acabam abrindo exceções, até mesmo saindo para almoços de trabalho. Eventualmente pode surgir algum problema pessoal que atrapalhe a relação, o que é muito frustrante, especialmente se você teve o primeiro encontro e depois não conseguiu agendar o segundo.

Os relacionamentos entre clientes e vendedores funcionam em dois níveis: profissional e social. No nível profissional estão incluídos todos os aspectos do trabalho do cliente que se relacionam ao produto/serviço que você vende. Já no nível social, o que vale é como você e o cliente interagem, se relacionam pessoalmente, se ele gosta de sua forma de agir, de falar e, em geral, se existe o que se chama de camaradagem.

Se fosse possível colocar um gravador escondido no escritório do cliente, o que você acha que escutaria quando ligasse para agendar uma visita?

"Ai, meu Deus, ele de novo! Vai me fazer dormir mais uma vez."

"Esse aí só sabe falar."

"Ele conhece bem o produto, mas não me deixa terminar uma frase."

Ou ouviria o cliente reagir dessa maneira:

"Eu estava mesmo querendo falar com ele. Tenho algumas dúvidas para esclarecer."

"É muito bom conversar com ele. Levanta o astral."

Há ocasiões em que o cliente se ressente de algum hábito pessoal do vendedor. Às vezes, ele considera ofensivo ou deselegante seu jeito de falar, de beber ou gargalhar. Como grande parte das vendas é decidida a partir do grau de simpatia que o cliente tem pelo vendedor, é bom prestar atenção se algum cliente começar a rejeitá-lo. Descubra o porquê e invista em mudar essa percepção:

**Estabeleça uma relação de afinidade com o cliente antes de começar a vender:** Aja de maneira amigável e profissional. Demonstre interesse em relação às áreas de atuação do cliente. Use o humor e esteja apto a conversar, com conteúdo, sobre os negócios.

**Faça com que cada encontro seja um acontecimento prazeroso:** Conheço um vendedor que sempre carrega doces para oferecer aos clientes assim que se encontram. Ele não tem problemas para agendar entrevistas e muitos clientes chegam a pedir o seu doce preferido antes mesmo de cumprimentá-lo.

**Pratique suas habilidades de comunicação:** Sorria muito, mantenha o contato visual e agradeça pelos comentários do cliente. Seja amigável, mas respeitoso. Evite respostas negativas e não entre em discussões.

> "Construir uma relação amigável significa encontrar uma base comum para construir um relacionamento proveitoso para ambas as partes."
>
> JOHN WOODS

## ○ DEIXE TUDO NAS MÃOS DO CLIENTE

## ⊙ ESPECIFIQUE O QUE VOCÊ DESEJA QUE SEU CLIENTE FAÇA

Por mais inacreditável que pareça, uma das razões mais comuns para a não-concretização de uma venda é o desconhecimento dos clientes sobre o que você espera deles para que o processo avance.

Veja algumas desculpas que escuto freqüentemente de vendedores:

"O pedido não avançou porque ele não convenceu o comitê de compras."

"Ele vive dizendo que quer comprar, mas nada acontece."

"Enviei amostras há seis meses e até hoje ela não fez os testes."

É fácil chamar o cliente de ignorante, lerdo, passivo ou não cooperativo porque ele não toma as providências que parecem óbvias, mas lembre-se de que nem sempre o que é óbvio para você se aplica ao cliente. No topo da lista de razões para o fracasso de uma venda está o fato de que o vendedor não deixa claro o que espera que o cliente faça. Curiosamente, quando "cobrado", o cliente em geral se mostra disposto a cooperar. Veja alguns exemplos:

"Pedimos que o cliente experimente nossa amostra para verificar que o produto servirá para ele, mas não perguntamos quando exatamente ele iria fazer o teste."

"Queremos que o comprador nos apresente ao diretor de engenharia, mas não pedimos para ele agendar uma reunião."

Quando deixamos implícitos nossos objetivos, é porque não queremos pressionar o cliente. Mas ao analisarmos esse comportamento nada objetivo descobrimos que a maior parte dos vendedores simplesmente não sabe o que pedir ao cliente, por isso faz perguntas genéricas ou superficiais do tipo "podemos fechar o negócio?" ou "o que você pensa sobre isso?".

O que é descrito como uma "resistência à compra" é, na verdade, uma "resistência à venda". Veja a melhor maneira de evitar que isso ocorra:

**Deixe o cliente pronto para comprar:** Ajude o cliente a analisar suas necessidades e seus problemas considerando os custos envolvidos em não resolvê-los. Nesse momento, apresente os benefícios da solução que você está lhe oferecendo.

**Planeje o que você quer que o comprador faça:** Antes do encontro, anote o que você irá perguntar ao cliente e pratique (diante do espelho, quem sabe) a melhor forma de fazer sua apresentação. Perguntas diretas são as mais eficientes.

**Faça o cliente tomar decisões e avançar no processo de venda:** Se você deixar o cliente pronto para a compra mas não conseguir levá-lo a tomar uma decisão (pergunta de fechamento), estará abrindo caminho para o concorrente vender sem fazer esforço.

> "Fechar uma venda significa solicitar que o cliente tome decisões. Há etapas intermediárias, quando ele concorda em assuntos específicos, e a etapa final, quando ele concorda em comprar."
> SARAH WHITE

○ CONSIDERE QUE O CLIENTE ENTENDEU A MENSAGEM

◎ CERTIFIQUE-SE DE QUE O CLIENTE COMPREENDEU A MENSAGEM

Como geralmente ninguém quer parecer estúpido, é comum a pessoa demonstrar que está entendendo o que está sendo explicado quando, na verdade, não está. Não é fácil dizer "Você pode explicar mais devagar? Não estou acostumado a lidar com esses termos técnicos" ou "Estou com dificuldade para entender o funcionamento de seu produto (ou sistema)".

O mais comum é "Agora eu preciso de tempo para analisar tudo isso que você me falou" ou "Parece incrível, mas precisamos de tempo para decidir se realmente é isso o que queremos".

Essas respostas até podem parecer positivas, mas, se você estabeleceu uma relação amigável, identificou corretamente as necessidades do cliente e apresentou as características e os benefícios relevantes de seu produto/serviço, vá direto ao ponto e pergunte por que ele não fecha o negócio e sobre o que ele ainda precisa pensar.

Essa situação é mais comum quando:
- O produto é muito técnico e foi desenvolvido para se diferenciar dos produtos concorrentes.
- O cliente não está familiarizado com o produto/serviço apresentado.
- O produto apresenta grande número de modelos, características, opcionais e condições de pagamento.

- O vendedor apresenta muita informação em muito pouco tempo. Isso atrapalha o entendimento.
- O vendedor não apresenta as informações sobre o produto/serviço em uma seqüência lógica.
- O vendedor usa um jargão que não é familiar ao cliente, fala baixo ou rápido demais.

Reconheça que essa situação *não* ocorreu porque o comprador não tem inteligência para entender aquilo que está sendo vendido ou porque o vendedor não conseguiu explicar as coisas de modo que o cliente entendesse.

O que importa é que o processo de venda foi interrompido. Para evitar que isso aconteça, siga estes quatro passos:

Passo 1: Pergunte e descubra o que especificamente o cliente não entendeu.

Passo 2: Explique de novo, de modo que ele entenda.

Passo 3: Verifique se o cliente entendeu dessa vez.

Passo 4: Leve o cliente a tomar a decisão que você espera.

Para *gerenciar a compra*, certifique-se do seguinte:

**Melhore sua apresentação e faça perguntas para obter feedback:** Planeje cada palavra e pratique, pratique, pratique, exaustivamente. Faça perguntas durante a apresentação para ter certeza de que o cliente está entendendo o que está sendo falado e aproveite para sentir o grau de importância que o assunto parece ter para ele.

**Esclareça todos os mal-entendidos:** Descubra o que está confundindo o cliente, tire suas dúvidas e verifique se ele realmente entendeu tudo. Se a resposta for negativa, explique novamente até que ele fique satisfeito.

**Reveja as razões pelas quais o cliente deve comprar:** Se o cliente continuar respondendo com evasivas, tente uma abordagem mais positiva ao rever as razões que ele tem para comprar. Feche a apresentação perguntando algo que leve o cliente a tomar uma decisão.

"Se você não consegue vender, não é o produto que está errado, é você."
ESTEE LAUDER

## CONFIE NA SUA ESTRATÉGIA

# CONQUISTE A CONFIANÇA COM PROVAS

Você pode ficar chocado ao descobrir que alguns clientes pensam que você os está enganando ou evitando revelar toda a verdade. A realidade é que quanto maior a experiência do comprador, menor sua credulidade. Ele tem por obrigação duvidar e investigar se você está sendo ou não completamente honesto a respeito das características e dos benefícios de seu produto/serviço.

É claro que a maior parte dos vendedores não mente ou engana intencionalmente os clientes, assim como as empresas costumam cumprir o que prometem, mas há muitas exceções e isso deixa os compradores na defensiva. Sua hesitação em tomar a decisão de compra está ligada a questões como: "será que o produto faz mesmo tudo o que você está dizendo?" ou "será que sua empresa tem capacidade de cumprir o prometido?". Talvez você tenha escutado coisas deste tipo:

"Na teoria tudo bem, mas não sei se isso funciona na vida real."

"Você está dizendo que sua nova linha venderá bem, mas sou eu que lido com o estoque encalhado."

"Tentamos alguma coisa parecida há alguns anos e não funcionou!"

É triste, mas numa situação dessas cabe a você recuperar a confiança do cliente, quebrada no passado por outros vendedores. Use sua credibilidade e amplie a importância daquilo que você está expondo usando provas e exemplos reais, até de outras empresas. As evidências precisam ser indiscutíveis para você e para o cliente.

Quando os clientes se mostrarem inseguros, use este processo de cinco passos para gerenciar a compra:

Passo 1: Pergunte quais são os receios específicos do cliente.

Passo 2: Mostre que as preocupações do cliente são importantes para você e para a empresa que você representa.

Passo 3: Responda a cada uma das dúvidas do cliente e prove que elas são infundadas.

Passo 4: Descubra se ele ficou satisfeito com suas explicações.

Passo 5: Incentive-o a tomar uma decisão.

Veja o que você deve fazer ao se deparar com um cliente em dúvida:

**Estabeleça uma relação de confiança:** A confiança do comprador é importante para fechar a venda. Pode ser conquistada em minutos ou dias e depende do que você faz e fala.

**Descubra quais são as preocupações do cliente e responda a todas elas:** Usando o processo de cinco passos, descubra mais sobre as dúvidas do comprador, esclareça cada uma delas e pergunte se ele ficou satisfeito com os esclarecimentos.

**Use provas para reforçar o que você fala:** Use resultados de pesquisas, comentários de terceiros, estudos comparados, demonstrações ou amostras e testes para reforçar o que você diz.

> "Responsabilidade gera confiança."
> PLUTARCO

## RESERVE TEMPO PARA PENSAR SOBRE OS PROBLEMAS

# LIDE COM OS PROBLEMAS ANTECIPADAMENTE

Numa situação em que o cliente entende e acredita no que você diz sobre o produto, e está seguro de que ele atenderá às suas necessidades, o único senão possível é quando ele pensa que a compra pode trazer conseqüências negativas a longo prazo. Antecipar problemas é realmente uma estratégia seguida por muitos profissionais, mas há casos em que esses "problemas" não passam de fruto da imaginação.

Quando descrevem seu "medo de comprar", os clientes se colocam da seguinte forma:

"Tenho medo de tomar a decisão de compra errada."

"Minha carreira na companhia depende desta negociação."

"Meu negócio é pequeno. Qualquer decisão errada pode me levar à falência."

Em cada um dos cenários descritos o cliente sofre por antecipação. Ele sabe que, se fizer uma compra errada, vai ser penalizado de alguma forma. Mas esses medos também podem se relacionar ao produto:

"Com as rápidas mudanças na tecnologia, é difícil decidir se é melhor comprar agora ou daqui a um ano."

"Esse fornecedor não está há muito tempo no mercado. Se eu

me comprometer com o sistema que ele quer vender, e o sistema for descontinuado, ficarei desguarnecido."

Não se trata de duvidar do que você está dizendo. Esse tipo de cliente não pensa que você está mentindo, apenas gosta de considerar outras variáveis que estarão ou não sob controle, caso a compra seja feita.

A única coisa positiva dessa situação é a antecipação de possíveis problemas. Como você sabe que a base para um *gerenciamento de compra* de sucesso é a informação – tanto a que você obtém do cliente como o inverso –, use o processo descrito no capítulo anterior para lidar com esse impasse:

Passo 1: Pergunte quais são as dúvidas, preocupações e os receios específicos do cliente.

Passo 2: Mostre que suas preocupações são importantes para você e para a empresa que você representa.

Passo 3: Responda a cada uma das dúvidas do cliente e prove que elas são infundadas.

Passo 4: Descubra se ele ficou satisfeito com suas explicações.

Passo 5: Incentive-o a tomar uma decisão.

Ajudar o cliente a lidar com a indecisão e o medo de comprar o levará a fechar um maior número de vendas. Portanto, inclua estas dicas na sua estratégia de venda:

**Reconheça as dúvidas do cliente:** Se o comprador se mostrar preocupado, nunca diga "não se preocupe com isso". Use o processo de cinco passos para descobrir o que o cliente está tentando dizer e providencie a resposta adequada.

**Mostre os benefícios do produto:** Enfatize quanto o cliente tem a ganhar no curto prazo e faça comparações com os prejuízos que ele poderá ter caso não compre seu produto/serviço.

**Peça que o cliente tome uma decisão:** Antes de responder às preocupações do cliente, pergunte sempre: "Isso esclarece suas dúvidas?" Se a resposta for negativa, repita todo o processo. Se for positiva, faça uma pergunta que leve o cliente a avançar no processo de venda.

> "A maioria dos erros que atrapalham o fechamento da venda tem mais a ver com um entendimento obscuro ou parcial do que com qualquer outro motivo."
>
> CHARLES ROTH

○ ACEITE AS RAZÕES DO CLIENTE

# ◎ SUPERE AS OBJEÇÕES DE COMPRA

Às vezes, o cliente apresenta objeções que o impedem de comprar o seu produto/serviço.

"Obrigado pela reunião, mas posso conseguir o mesmo produto 15% mais barato da concorrência."

"Não podemos esperar três meses para a entrega. O seu concorrente pode entregar em 10 dias."

"Para comprar o seu produto preciso investir também em treinamento. Por isso decidi manter o sistema antigo."

Se você conseguir *satisfazer* ou *eliminar* esses obstáculos, terá *gerenciado a compra* e fechará a venda. É importante perceber a diferença: *eliminar* significa acabar com algum aspecto negativo; *satisfazer* significa apresentar razões para superar as desvantagens do produto. Os seis passos abaixo ensinam como *gerenciar a compra*:

Passo 1: Pergunte detalhadamente até saber tudo sobre a objeção apresentada.

Passo 2: Certifique-se de que a objeção é um obstáculo para a venda. Se o cliente não tiver deixado isso claro, pergunte diretamente: "Isso é um problema para você?"

Passo 3: Se o cliente apontar uma razão para não comprar, descubra se é a única. Havendo outras, volte aos passos 1 e 2.

Passo 4: Se não houver outra razão bloqueando a venda, responda às objeções do cliente.

Passo 5: Descubra se o cliente ficou satisfeito. Se a resposta for afirmativa, pule para a próxima etapa. Se for negativa, refaça os passos de 1 a 4.

Passo 6: Peça ao cliente que tome uma decisão.

É fundamental que você não considere a venda perdida até que a reunião termine. Trabalhe com a idéia de que todas as atividades de venda serão bem-sucedidas se você superar satisfatoriamente as objeções. Para isso, é importante cumprir as seguintes etapas:

**Antecipe-se e faça uma lista com as objeções e suas respectivas respostas:** Inclua as dúvidas mais comuns sobre defeitos de fabricação, serviços ou entrega – e as devidas respostas.

**Mostre caminhos para contornar os aspectos negativos da compra:** Fazendo isso, você *eliminará* as objeções do cliente. Seja criativo. Um vendedor, por exemplo, criou um modelo de compra cooperada para permitir que empresas menores encomendem quantidades pequenas.

**Enfatize como o valor agregado supera os aspectos negativos:** Esse é um ponto central da sua estratégia. *Resolva* as dúvidas do cliente, mostrando que o benefício supera os problemas.

> "Demonstre sua capacidade de realizar o que prometeu. Forneça testemunhos de clientes satisfeitos como prova de que você cumpriu o que prometeu em vendas anteriores."
>
> BOB LEDUC

○ RECUE

◉ REVERTA OS COMENTÁRIOS NEGATIVOS

Como você reage quando os clientes fazem comentários negativos sobre o que você está tentando vender? Do tipo: "Seu preço é muito alto!", "É muito feio, não gostaria de ter um desses na minha sala!" ou "Seu equipamento demora muito para aquecer". Não se apavore com essas observações, pois isso não significa que o cliente não vá comprar, ele apenas está descrevendo as coisas como elas são. Pense positivamente e crie expectativas favoráveis: "Se eu souber lidar com essa crítica, vou fechar a venda."

A melhor reação a esse tipo de comentário é esperar que o cliente complete o seu raciocínio. Freqüentemente, uma pequena pausa o incentiva a continuar falando a partir da observação anterior, fornecendo mais informações e levando o processo de venda a progredir. Se ele não reagir assim, faça uma pergunta que o incentive a entrar em ação.

Veja um exemplo de venda do mercado de automóveis de luxo:

Você: Você disse que prefere o visual esportivo de duas portas, mas faria bom uso do espaço maior do modelo quatro portas. Qual dos dois atende melhor às suas necessidades?

Cliente: Qual o melhor preço para um carro quatro portas?

Você: R$ 80 mil.

Cliente: Nossa! É muito caro.

Você (depois de alguns instantes de silêncio): Você prefere o financiamento do seu banco ou do nosso plano?

Cliente: Vou usar o do meu banco.

Caso o cliente não responda depois do seu silêncio, faça a seguinte pergunta: "Isso é um problema para você?" A resposta indicará se o comentário é apenas uma afirmação ou uma razão efetiva para não comprar o produto (consulte o capítulo anterior ao lidar com uma abordagem do segundo tipo).

Quando houver problemas de fato com seu produto, *gerencie a compra* do seguinte modo:

**Admita que o produto não é perfeito para todo mundo:** Não esconda os defeitos do produto, mas também não estimule a rejeição do cliente. Faça perguntas que induzam o cliente a tomar uma decisão.

**Faça uma pausa estratégica e deixe o cliente falar:** Não pense que um comentário negativo bloqueará a venda. Normalmente os clientes continuam falando e fornecendo novas informações para que o processo de venda avance.

**Quebre o gelo, se o cliente ficar em silêncio:** Suas perguntas podem levar o cliente a fazer mais considerações sobre o produto ou a partir para a finalização do processo de venda.

> "A maioria das pessoas de sucesso que conheci escuta mais do que fala."
> BERNARD BARUCH

○ ASSUMA QUE O CLIENTE IRÁ AGIR

◎ FAÇA UM ACOMPANHAMENTO DAS AÇÕES DO CLIENTE

O pessoal de vendas costuma reclamar que, quando um produto requer ações específicas do cliente para que as negociações avancem, ele em geral não faz a sua parte. Não providencia as aprovações, ordens de pedido, a documentação legal, a notificação de outros departamentos, dos serviços de apoio, etc.

A realidade é que o cliente até tem consciência de que deve cumprir sua parte, mas age lentamente (quando age). As principais desculpas são:

"Esqueci."

"Não estou com tempo para resolver isso agora."

"Estou saindo de férias. Espere eu voltar para continuarmos."

Diante de uma situação desse tipo, o que os clientes estão dizendo é que *eles acham alguma coisa mais importante* do que aquilo que ficaram de fazer depois das negociações com você.

Os vendedores não entendem que aquela venda, por mais que lhes pareça grandiosa, é apenas um detalhe entre as muitas preocupações cotidianas do cliente, que se divide entre controlar os recursos de tempo, dinheiro ou mesmo crises relativas aos colaboradores. Eles têm seus próprios planos e metas para atender e não escapam das pressões do trabalho diário, ligações telefônicas, etc.

Nesse contexto, as promessas feitas durante uma negociação ficam no final da lista de prioridades do cliente, quando não são totalmente esquecidas assim que você deixa o escritório dele.

Gerenciar a venda, nesse caso, é um grande desafio, porque você tem pouquíssimo controle sobre o cliente ou sobre o que *ele* acha ser mais importante. Seu trabalho de venda não acaba com a assinatura do contrato. É preciso acompanhar cada item do acordo que acabou de ser fechado, ou seja, *gerenciar também a compra*.

**Ajude o cliente a lidar com os detalhes:** Se você puder fazer alguma coisa pelo cliente, como preencher formulários e levar documentos a diferentes departamentos, assuma essa tarefa. Deixe para ele apenas as decisões e tarefas imprescindíveis.

**Antecipe os problemas e planeje como contorná-los:** Pergunte se "existe algo que possa atrapalhar a venda". Se o cliente mencionar qualquer coisa, converse até descobrir a melhor forma de lidar com o problema.

**Ajude o cliente a cumprir as promessas, lembrando-o amigavelmente:** Não espere que os clientes cumpram tudo o que prometeram. É preciso lembrá-los, de maneira cortês, de cumprir tal e tal etapas para que o produto/serviço seja entregue. Envie um cartão de agradecimento com um lembrete.

> "Os clientes não compram apenas um produto, mas um conjunto de benefícios relacionados com sua utilidade, valor e serviço – e é trabalho do vendedor se certificar de que ele nunca fique desapontado."
> JOHN WOODS

○ INSISTA NA AÇÃO

⊙ AJUDE NOS PROBLEMAS PRIORITÁRIOS

As prioridades do cliente podem mudar por várias razões. Veja as situações mais comuns:

"Nossa refinaria pegou fogo. Todo o nosso capital será alocado na reconstrução. Por isso não compraremos nada do que você está mostrando."

"Estou tentando recrutar uma nova secretária e não terei tempo para uma reunião com você."

"Não posso encontrá-lo amanhã para discutir os detalhes da compra porque o vice-presidente estará visitando nosso escritório regional."

Quando o cliente remarca um compromisso com você porque houve mudanças de ordem de importância, suas escolhas ficam desequilibradas. Duas soluções são possíveis nesse caso:
- Tente mudar as prioridades.
- Encontre uma solução para contornar o problema mais grave.

Se você escolher a primeira opção, precisa fazer com que o cliente entenda o valor (custo-benefício) da decisão. Por exemplo:

Cliente: "Estou saindo de férias. Espere eu voltar para continuarmos."

Você (depois de mencionar o local das férias): Sabe, se desse para resolver essas pendências antes de você viajar, poderíamos entregar o novo sistema com três semanas de antecedência. Isso significa uma economia semanal de quase R$ 3 mil para a sua empresa. Não tem como você resolver o assunto antes de ir?"

A oportunidade de economizar quase R$ 3 mil por semana deve ser vista como um trunfo na tentativa de reavaliar as prioridades. Se a opção 2 for a escolhida, você precisa ajudar o cliente a encontrar saídas para os problemas.

Cliente: "Eu sei que prometi a você, para esta semana, uma atualização do relatório de crédito, mas fiquei com a agenda repleta de reuniões. Você terá que esperar até a próxima semana."

Você: "É uma pena que as coisas estejam tão agitadas. Eu sei que é você quem faz o relatório, mas você já está com todas as informações ou elas ainda precisam vir da contabilidade?"

Cliente: "É a contabilidade que me envia os números, mas eu preciso atualizar o relatório e assinar."

Você: "Eu tenho uma idéia que vai economizar o seu tempo e nos ajudar a fechar a negociação. Eu posso contatar alguém da contabilidade que tenha os números e podemos atualizar juntos os dados amanhã. Você só precisa assinar. Com quem eu posso falar na contabilidade?"

Considerando esses dois cenários, sempre que as prioridades do cliente mudarem, aja de acordo com as seguintes diretrizes:

**Tente mudar as prioridades:** Mostre ao cliente que as prioridades podem ser mudadas. Para isso, ajude-o a entender o valor da sua escolha ou descubra como contornar o problema.

**Ajude o cliente a entender o valor da sua decisão:** Mostre o impacto que aquela decisão trará para a empresa como um todo

– os ganhos de escala ou a relação custo-benefício podem levar o cliente a mudar suas prioridades.

**Encontre uma solução para os problemas:** Agilize os processos de trabalho do cliente de modo a contornar os entraves da agenda dele. Outra saída é encontrar outra pessoa na empresa que possa ajudá-lo.

> "Vender significa transferir sua convicção de vendedor para o comprador."
> PAUL G. HOFFMAN

## DEIXE O CLIENTE SE VIRAR NO MEIO DA CONFUSÃO

# GUIE O CLIENTE DURANTE O PROCESSO DE DECISÃO DE COMPRA

Na maioria das situações de vendas, os compradores não lidam apenas com um fornecedor de produtos ou serviços. As empresas exigem pelo menos três propostas competitivas para que se obtenha o melhor produto nas melhores condições.

Os melhores profissionais estudam diversos produtos e fazem testes comparativos antes de tomar a decisão de compra. Não é uma tarefa simples e o resultado pode gerar uma certa confusão. Lembro-me de uma mulher que retardou por três dias a decisão de comprar um forno de microondas porque não sabia qual modelo e marca escolher. Cada fabricante apresentava características aparentemente diferentes, o que fazia com que cada um fosse quase um produto novo, e isso a confundia na hora de definir os benefícios e as diferenças entre um e outro produto.

Da mesma forma, um revendedor de material esportivo relatou as dificuldades dos alpinistas iniciantes em comprar sua primeira bota. Eles não sabem que precisarão de um número maior, pois essas botas têm características completamente diferentes dos calçados comuns, nem quais são os modelos mais modernos, se o melhor material é couro ou náilon, se é mais confortável cano alto ou baixo, se vale a pena pagar mais por um modelo à prova d'água ou mesmo se é preciso usar meias especiais, acolchoadas e de um material que deixe os pés sempre secos. O revendedor explicou que, se não souber exatamente qual é o tipo de escalada que o cliente pretende fazer, ele vai acabar indicando um modelo inadequado e o cliente o culpará pela escolha equivocada quando voltar da viagem.

Não se trata de estupidez ou inteligência limitada, apenas pessoas sem o conhecimento necessário para poder decidir corretamente. Um vendedor nessa situação precisa saber *gerenciar a venda*, senão o resultado será um fracasso.

Quando os clientes estiverem confusos sobre qual decisão tomar, você pode fazer o seguinte:

**Ajude os clientes a entender suas necessidades:** Os clientes conseguem tomar melhores decisões de compra quando entendem claramente as próprias necessidades. Identifique o que o cliente deseja antes de fazer comparações de produtos.

**Faça comparações de produtos e acabe com a dúvida:** Aprenda tudo o que puder sobre os produtos dos concorrentes. Esteja apto a explicar as diferenças em termos de características, benefícios e condições de venda.

**Relate os benefícios do produto para o cliente:** Ao final de uma apresentação, não se esqueça de listar os benefícios do produto e a maneira como ele atende às necessidades do cliente.

> "Uma negociação de sucesso consiste em descobrir o que o outro quer e mostrar como ele pode conseguir, enquanto você conquista seus objetivos."
>
> HERB COHEN

# CONFIE NO PROCESSO DE TOMADA DE DECISÃO

# TRABALHE COM QUEM TEM PODER DE DECISÃO

Imagine a seguinte situação. Em sua última visita ao cliente, você fez uma apresentação, o comprador gostou do produto e manifestou interesse em comprá-lo, mas precisa obter a aprovação da gerência. Uma semana depois, quando você o procura novamente, é informado de que "o gerente não concordou".

Depender da capacidade de convencimento e do comprometimento dos outros para que o processo de venda aconteça é sempre uma loteria. Você não perde a venda porque fez alguma coisa errada, e sim porque deixou de fazer o que era certo. Ter acesso a quem tem realmente o poder de decisão é fundamental para fechar muitos negócios. Afinal, não dá para contar que outra pessoa fará o seu trabalho – o controle precisa ficar em suas mãos e não sob a responsabilidade de um estranho.

Caso seja impossível negociar diretamente com quem decide, a saída é treinar seu mensageiro. Ajude-o a preparar o material, enfatize os benefícios, antecipe as dúvidas e críticas para poder apresentar as respostas corretas. Não esqueça de fornecer gráficos, planilhas e apresentações em *power-point* que sejam explicativas e convincentes. Na proposta por escrito, verifique se o texto inclui todos os aspectos importantes.

Para obter os melhores resultados, não se esqueça:

**Negocie com quem decide:** Uma das principais razões para o fracasso de uma venda está no fato de os profissionais não conversarem com quem realmente detém o poder. Descubra quem toma as decisões de compra e negocie com essa pessoa.

**Seja criativo no contato com quem decide:** Peça ajuda a seu gerente caso a pessoa importante da outra organização não queira conversar com você. Ou convide quem toma a decisão, juntamente com outras pessoas importantes, para uma visita especial às suas instalações. Faça um convite formal.

**Como último recurso, treine o comprador para apresentar sua proposta:** Ajude o seu contato com material de apoio, planilhas e orçamentos comparativos e até uma apresentação em *power-point* enfatizando os benefícios do produto e respondendo às dúvidas mais comuns.

> "Se você quer fechar um negócio, precisa conversar com quem tem o poder de decisão. Se não for assim, estará apenas perdendo tempo."
>
> ROBERT MAGNAN

## DEIXE O COMPRADOR EM ESTADO DE ALERTA

## 🎯 AJUDE O CLIENTE A FAZER A MELHOR COMPRA

Se o cliente nunca usou seu produto/serviço, ele pode desconhecer detalhes e especificações fundamentais para que a venda seja bem-sucedida. Por isso verifique item por item antes de fechar o negócio:
- As medidas (diâmetro, altura, largura) do pedido
- A embalagem mais adequada dentre todas as opções oferecidas
- O meio mais econômico de entrega
- O processo mais eficiente para receber todas as mercadorias
- As melhores condições de pagamento (se é melhor pagar antecipadamente, após a entrega ou parcelar)
- A perda prevista durante o processo (produção, acabamento, entrega, encalhe, etc.)

Há muitos anos, o proprietário de uma pequena indústria me contou uma experiência desagradável que teve quando decidiu fabricar camas elásticas. Na época, ele não sabia nada sobre os materiais usados e confiou nas explicações do vendedor ao decidir comprar lona em vez de náilon. Depois de negociar a compra de 20 metros de lona – a quantidade exata para montar os seis modelos experimentais –, ele foi levado ao depósito para acompanhar o corte do material no tamanho pedido.

Durante a montagem, porém, ele se surpreendeu ao descobrir que não havia matéria-prima suficiente para montar a sexta cama elástica. Procurou o vendedor para saber o que tinha ocorrido e descobriu que a lona sempre encolhe quando é retirada do rolo original. Ao indagar por que ele não lhe informara isso, ouviu a seguinte resposta: "Porque você não me perguntou."

Apesar desse contratempo inicial, a fábrica de camas elásticas cresceu bastante, mas o fabricante nunca mais encomendou qualquer material desse fornecedor de lonas. Havia perdido a confiança nele.

Conclusão: você pode fechar a primeira venda sem se preocupar em ajudar o cliente a fazer o pedido correto, mas com certeza não haverá uma segunda vez. Isso é péssimo para os negócios.

Previna-se contra esses riscos assumindo as três atitudes relacionadas abaixo:

**Gerencie a venda:** Parte do processo de *gerenciamento da venda* consiste em proteger os clientes de cometerem erros de compra. Responda às perguntas honestamente, mas vá além – forneça as informações que você sabe que são importantes, mesmo que o cliente não as tenha pedido. Dessa forma você ajuda o cliente a tomar uma boa decisão de compra e ganha sua fidelidade a longo prazo.

**Atue como consultor do cliente:** Se o cliente não atender às suas recomendações quando comprar um produto e você tiver certeza de que ele está cometendo um erro, notifique-o por escrito. Dessa forma você deixa registrado que tentou avisá-lo e não poderá ser responsabilizado por eventuais prejuízos.

**Ajude o cliente a evitar erros de compra:** Você conseguirá fechar vendas sucessivas se ajudar o cliente a evitar erros de compra. Portanto, faça uma análise realmente completa da situação para antecipar todos os tipos de problemas. Seu objetivo é deixar o cliente satisfeito.

> "Negócio que deixa todo mundo feliz
> é aquele em que todo mundo sai ganhando.
> Essa atitude de procurar constantemente
> o benefício mútuo deve nortear
> qualquer interação humana."
> TODD KING

## NÃO SE ENVOLVA COM OS PROBLEMAS DO CLIENTE

# 🎯 MIRE NA SATISFAÇÃO DO CLIENTE, ANTES E DEPOIS DA VENDA

Pode parecer lógico que numa situação em que você vendeu um bom produto, não explorou o cliente em relação a preço, quantidade e outros termos, você considere que seu trabalho terminou – se alguma coisa der errado a partir daí, não é mais sua responsabilidade.

Infelizmente, não é bem assim – a não ser que você não ligue a mínima para sua reputação e não queira vender nunca mais para esse cliente. Isso mesmo. Um cliente insatisfeito é o pior que pode acontecer a um vendedor. Eles comentam o fato entre seus pares, fazem queixas, alegam terem sido traídos, enfim, podem ser um perigo para os negócios. Já escutei clientes irritados dizendo coisas do tipo:

"O produto nunca funcionou direito desde o dia em que o comprei, por isso desistimos de usá-lo."

"Sim, esperamos que ele funcione bem, mas a maioria das pessoas está com medo de usá-lo."

"Sim, ele já foi entregue há um ano, mas ainda estamos suando para que ele funcione direito."

"Não, não o estamos usando. Quando compramos, não tínhamos idéia de que havia custos extras de implementação. Como não estamos em condição de gastar mais, decidimos adiar."

É mais comum do que parece os clientes não usarem o produto porque não se prepararam adequadamente. Pode ser por falta de treinamento ou mesmo porque não foram feitas as adaptações necessárias no ambiente de trabalho. Em algumas situações, a preparação adequada requer gastos extras, que precisam ser previstos pelo cliente na hora da compra. Para evitar isso, seja cuidadoso no cumprimento das etapas do processo de venda:

**Esclareça todos os custos envolvidos no uso do produto:** Inclua o preço do produto/serviço, o investimento na preparação para o uso e os serviços de implantação necessários.

**Planeje tudo o que o cliente vai precisar:** Faça um cronograma simples, mas mostre cada passo envolvido, na seqüência exata.

**Verifique se o produto foi usado corretamente:** Certifique-se de que tanto o seu pessoal quanto o da empresa do cliente seguiram o planejado. Se, mesmo assim, as coisas não funcionarem, envolva-se pessoalmente e descubra saídas para os problemas. *Gerenciar a venda* é seu passaporte para uma imagem positiva no mercado.

> "As pesquisas mostram que o que realmente leva a novas compras é a qualidade dos serviços prestados ao cliente."
> TERRY G. VAVRA

## DEIXE QUE O CLIENTE NEGOCIE

# FACILITE AS NEGOCIAÇÕES

Alguns clientes não sabem negociar, ou por não estarem familiarizados com o seu produto ou por não terem experiência em comprar. É fácil perceber qual é a situação – principalmente se o cliente encerrar o encontro imediatamente depois que você mencionar o preço com o seguinte comentário: "Está muito caro!"

É o caso de você se perguntar:
- Será que ele sabia que podia ter pechinchado?
- Será que ele sabia que podia perguntar se há desconto de acordo com a quantidade?
- Será que ele sabia que podia perguntar se aquele era o melhor preço?

A resposta a essas três questões é "não!", ele não conhecia essas possibilidades. Um comprador inexperiente acredita que o preço é inegociável. Ele desconhece o famoso "preço de tabela", que só serve como referência para que a política de descontos seja aplicada de modo a todo mundo "achar que tirou alguma vantagem na negociação". Ou seja, ele desconhece a regra básica: "Todo mundo negocia o preço."

Na verdade, se a pessoa está acostumada a negociar, você terá problemas se apresentar o preço real logo de início. Ela vai querer desconto de qualquer maneira, por isso a regra do mercado é jogar os preços no alto e negociar até chegar a um preço final mais baixo, satisfatório para ambas as partes.

No jogo de cena de um processo de venda, quando o cliente pergunta o preço do produto, isso significa que o fechamento da venda começou. É como se ele admitisse que está interessado no produto e quisesse saber quanto custa para ver se vale a pena.

Para avançar corretamente, comece explicando que "o preço depende de muitas variáveis e por isso você precisa fazer algumas perguntas para chegar ao melhor preço". A seguir, faça uma seqüência de perguntas que induzam o cliente à decisão de compra – isso o ajudará a defender sua política de preços.

Mas não espere o cliente perguntar pelo preço. Prepare-se com antecedência, tendo em mãos as informações sobre os produtos concorrentes que ele pode ter consultado. É importante saber com que políticas de preços você estará competindo.

Se o cliente não tiver experiência como comprador, faça o seguinte:

**Auxilie o cliente a não comprar errado:** Não presuma que ele saiba negociar. Descubra se ele tem habilidade ou experiência de compra e ajude-o a se tornar um bom comprador. Isso o favorecerá a longo prazo.

**Explique a política de preços:** Dê dicas sobre a arte de negociar, esclarecendo como o preço pode variar de acordo com as especificações e a quantidade.

**Saiba o momento de parar:** Alguns clientes não sabem quando parar a negociação. Você pode oferecer as melhores condições, mas ainda assim eles vão querer mais. Lembre-se que o objetivo é uma venda lucrativa – não uma venda (literalmente!) a qualquer preço. Portanto, esteja preparado para deixar claro até onde você pode negociar.

> "Uma negociação de sucesso ocorre quando as partes se comprometem a abrir mão de algumas condições para chegar a um acordo."
>
> STEVEN P. COHEN

## CONFIE NO TALENTO NATURAL

# TRABALHE TODAS AS HABILIDADES AO MESMO TEMPO

Há alguns anos, durante o U.S. Open de tênis, um comentarista descreveu um jogador da seguinte forma: "Ele tem muitas habilidades, mas não todas ao mesmo tempo." Isso fez todo o sentido para mim, pois muitos vendedores que conheço sofrem do mesmo problema. Eles têm muitas habilidades e se esforçam muito, mas não conseguem deslanchar na área.

Para ter sucesso em vendas, não basta fazer as coisas certas, é preciso também fazê-las no tempo certo – ou seja, todas as habilidades devem entrar em ação juntas. Nos últimos 20 anos, perguntei milhares de vezes a gerentes de produtos: "Por que alguns vendedores não alcançam o sucesso que poderiam ter?" Ainda que as respostas variem bastante de acordo com o setor de negócios, todas as respostas que escutei foram semelhantes. Aqui estão elas, separadas de acordo com o momento em que ocorrem no processo de venda:

21 razões para ser um fracasso em vendas
    Antes da visita de vendas, os vendedores:
        ...não têm objetivos específicos
        ...procuram os clientes errados
        ...não planejam

...evitam os clientes aparentemente difíceis
...não se informam sobre a concorrência
...não realizam visitas periódicas
...não trabalham o dia todo

Durante a visita de vendas, os vendedores:
...não conversam com quem tem o poder de decisão
...não estabelecem as necessidades do cliente
...apresentam produtos inadequados
...não utilizam o material de apoio eficientemente
...não falam sobre os benefícios
...não esperam pelo feedback do cliente
...não respondem às questões sobre o produto
...não sabem lidar com objeções
...não agem de forma a gerar vendas para o cliente
...não perguntam pela ordem de pedido
...não entendem os *sinais de compra*

Depois da visita de vendas, os vendedores:
...têm pouco ou nenhum registro do que aconteceu durante o encontro
...não analisam como foi a visita
...não fazem um acompanhamento detalhado

Evite as razões mais comuns do fracasso dos vendedores:
**Lembre-se de que vender é gerenciar a compra:** Sua meta diária não deve ser "vender alguma coisa hoje", mas "ajudar alguém a comprar alguma coisa hoje".

**Analise cada visita de vendas para melhorar a próxima:** Fazendo isso você estará apto a repetir ações eficazes e evitar repetir os mesmos erros.

**Seja disciplinado e mantenha uma rotina de trabalho:** O próximo capítulo traz um guia com dicas sobre como ser bem-sucedido como vendedor. Ele servirá de orientação para que você não deixe escapar nenhuma das etapas ao longo do processo de venda, da preparação à análise. Esse é o segredo de uma atuação baseada no profissionalismo e na melhoria contínua.

> "Venha para a MCP! – Melhoria Constante e Permanente."
> ANTHONY ROBBINS

# ⦿ GUIA PARA O VENDEDOR PROFISSIONAL: UM RESUMO

**Antes da visita de vendas**
Conheça o produto
- Conheça as características do produto.
- Conheça os benefícios de cada característica de acordo com a situação do cliente.
- Conheça as condições de compra (preço, cronograma de entrega, crédito).
- Esteja apto a apresentar o produto de improviso, se necessário.
- Conheça profundamente (de cor) o material de apoio e os folhetos técnicos.

Conheça os produtos da concorrência
- Conheça as características dos produtos concorrentes.
- Conheça os benefícios de cada característica dos produtos concorrentes.
- Conheça as vantagens de seu produto em relação à concorrência.
- Conheça os preços e condições de venda dos concorrentes.

Conheça seu cliente
- Conheça o tipo de negócio do cliente.
- Conheça o potencial de vendas do cliente.
- Conheça o histórico do cliente com sua empresa.
- Conheça o histórico do cliente com você.

Preparação
- Tenha uma meta de vendas para cada cliente.
- Tenha um objetivo de ação para cada visita.
- Não esqueça o que o cliente prometeu fazer no último encontro.
- Planeje o que você fará a cada encontro.
- Tenha à mão todo o material de apoio.
- Verifique com antecedência seu equipamento e veja se está funcionando.
- Esteja preparado para passar pelo teste de "conhecimento do produto".
- Antecipe as dúvidas do cliente.
- Pratique como responder às dúvidas que você antecipou.
- Saiba o que e como falar para estabelecer uma relação amigável.
- Planeje como fará as perguntas que levam ao fechamento da venda.

Cuide de sua apresentação pessoal
- Mantenha uma aparência impecável (cultive bons hábitos de higiene: corpo, hálito, mãos e unhas).
- Vista-se com elegância (use cores neutras e um estilo apropriado ao ambiente do cliente).

**Durante a visita de vendas**
- Estabeleça um relacionamento cordial com qualquer pessoa que encontrar.
- Demonstre interesse quando o cliente falar.
- Mantenha o contato visual, sempre.
- Identifique todo competidor.
- Pergunte se o cliente fez o que ele prometeu na última visita.

Necessidades
- Descubra os problemas, as necessidades e os desejos do cliente.
- Identifique quem tem o poder de decisão.

Apresentação
- Apresente os benefícios relacionados às necessidades do cliente.
- Apresente as características do produto como forma de apoio para os benefícios.
- Apresente as provas e verificações necessárias.
- Certifique-se de que o cliente entendeu tudo.
- Pergunte se o cliente concorda que os benefícios apresentados irão satisfazer as necessidades identificadas.
- Não use jargão; o cliente precisa entender o que está sendo falado.
- Use uma estrutura lógica para sua apresentação.
- Evite interromper o cliente.
- Depois de formular uma pergunta, faça uma pausa e espere o cliente responder.
- Não cometa erros durante a demonstração do produto.
- Mantenha contato visual enquanto estiver usando o material de apoio.

- Faça perguntas específicas quando o cliente fizer comentários e observações vagas.

## Fechamento
- Faça um resumo com os benefícios do produto.
- Faça perguntas que levem o cliente a avançar rumo à tomada de decisão.
- Seja cauteloso e repasse cada uma das etapas do processo de venda, caso o cliente demonstre alguma preocupação.
- Monte um cronograma se o cliente se comprometer a fazer alguma coisa depois da visita.

## Depois da visita de vendas
- Verifique se o cliente fez o que foi combinado.
- Analise a visita para saber se você se saiu bem.
- Analise a visita para saber que pontos você pode melhorar.
- Anote qualquer coisa que você tenha aprendido durante a visita para ajudá-lo no futuro.
- Decida se você deve fazer uma nova visita ao cliente.
- Saiba exatamente qual é o seu objetivo para a próxima visita a esse cliente.
- Atualize os dados do cliente.

"Mesmo que você tenha o melhor serviço do mundo, se não conseguir fechar muitas vendas, terá poucos clientes usufruindo seu serviço."

## Conheça outros títulos da coleção Desenvolvimento Profissional

### Os princípios de liderança de Jack Welch
JEFFREY A. KRAMES

Considerado um dos líderes empresariais mais bem-sucedidos do século XX, Jack Welch comandou durante duas décadas a General Electric, onde reescreveu as regras de liderança ao propor que os colaboradores, em vez dos burocratas, dissessem o que precisava ser feito.

Welch revela os valiosos conceitos que desenvolveu para executar a maior mudança corporativa da história. Cheio de sugestões e idéias práticas, esse livro ensina como uma liderança inovadora e despretensiosa pode incentivar as pessoas a contribuir muito além do normal, encontrar satisfação na carreira e criar um ambiente de trabalho que seja transformador e estimulante.

Veja algumas das idéias centrais apresentadas em *Os princípios de liderança de Jack Welch:*
— Desafiar a tradição
— Liderar pelo exemplo
— Torpedear a burocracia
— Comprometer-se com as mudanças
— Articular uma visão tangível, estimulante e realista para a empresa
— Implementar apenas as melhores práticas e descartar o resto
— Deixar a inteligência comandar
— Certificar-se de que todos têm direito a expressar suas opiniões
— Entender a mudança como uma ferramenta competitiva.

## Como se tornar um bom negociador
STEVEN P. COHEN

*Como se tornar um bom negociador* tem três objetivos: ajudá-lo a se transformar em um exímio negociador, aumentar sua autoconfiança e ensiná-lo a concluir com sucesso e de maneira eficaz uma transação.

Ser um bom negociador traz vantagens para a sua carreira, mas também pode ser útil em qualquer área de sua vida. As 24 lições apresentadas mostram quais são as técnicas mais eficientes e ensinam que é preciso ser flexível a fim de obter acordos satisfatórios para todas as partes.

Esse livro enfatiza a idéia de que negociar não é o mesmo que participar de uma competição esportiva. Segundo o autor, o objetivo final é todo mundo conquistar aquilo que é importante ou vantajoso para si mesmo, e não esmagar o adversário.

## Como motivar sua equipe
ANNE BRUCE

Pense nos gerentes que mais influenciaram sua vida profissional. Eles investiram num ambiente de trabalho divertido e estimulante e no talento de cada colaborador porque perceberam que sua própria carreira e o sucesso da empresa dependiam da eficiência da equipe. Esses líderes excepcionais acreditaram no poder e na influência das pessoas – e foram recompensados.

*Como motivar sua equipe* apresenta exemplos inspiradores de empresas como Disney, Levi's e Dell Computer e suas estratégias orientadas para resultados. Ao colocar em prática os ensinamentos dessas corporações, você vai ser capaz de extrair as melhores qualidades dos seus colaboradores. Está provado que essa filosofia agrega valor tanto para a empresa quanto para a carreira dos executivos que a adotam.

Esse livro – conciso mas poderoso – mostra como estimular o comprometimento e a paixão pelo trabalho. Veja as principais dicas para manter em alta o entusiasmo, a energia e o moral de sua equipe:
– Transformar colaboradores em parceiros
– Encorajar o gerenciamento de riscos
– Criar uma política de incentivos e recompensas
– Delegar poder
– Estabelecer uma relação de confiança
– Encorajar o senso de responsabilidade

### Os princípios de investimento de Warren Buffett
JAMES PARDOE

Muita gente acredita que investir no mercado de ações é uma tarefa complexa, misteriosa e arriscada e que é melhor deixá-la a cargo de um profissional. Mas Warren Buffett mostrou que isso é um mito. Ele inventou um método simples e bem-sucedido que pode ser praticado por qualquer pessoa.

Nesse livro, James Pardoe estuda o histórico financeiro de Buffett e analisa os princípios que norteiam o seu pensamento. A idéia é aprender a pensar como ele para identificar grandes oportunidades de compra e não se deixar levar pela mentalidade do rebanho.

A lendária paciência e os sólidos conceitos de investimento fizeram de Warren Buffett um dos homens mais ricos do mundo. Se você seguir os conselhos apresentados nesse livro, procurando sempre a simplicidade, realizando pesquisas sobre as empresas em que deseja investir e desenvolvendo o temperamento adequado para lidar com os altos e baixos da Bolsa, certamente se tornará um investidor próspero.

## O manual do novo gerente
MOREY STETTNER

Você foi promovido a gerente – e isso o coloca numa posição totalmente diferente. Com colaboradores difíceis de lidar e chefes exigentes, você nunca sabe de onde surgirá seu próximo problema. Mas sabe que todos esperam que você o resolva, e de maneira rápida e eficiente.

*O manual do novo gerente* fornece valiosas dicas para que você se integre à sua equipe enquanto a estimula a conquistar resultados surpreendentes. Um gerente novato no competitivo ambiente de trabalho dos dias de hoje enfrenta desafios e testes diariamente. A partir de agora, você será avaliado pelo desempenho dos outros. Dê a si mesmo a oportunidade de ser bem-sucedido e saiba como conquistar o respeito tanto de seus colaboradores quanto de seus supervisores. As 24 regras desse manual de consulta rápida mostram a melhor maneira de conseguir isso:
– Avaliar desempenhos
– Pensar estrategicamente
– Dar e receber feedback orientado para resultados
– Direcionar o trabalho
– Impressionar ao falar
– Criticar com tato e honestidade
– Motivar colaboradores que apresentam desempenho mediano
– Preparar a equipe para mudanças

## Como se tornar mais organizado e produtivo
KEN ZEIGLER

Quem não quer ser mais eficiente – fazer mais com o mesmo tempo e os mesmos recursos disponíveis? Todo mundo, é claro. Nada melhor do que um livro que vai direto ao assunto para descobrir as melhores estratégias para alcançar o sucesso que você deseja.

*Como se tornar mais organizado e produtivo* apresenta uma série de ferramentas, idéias e dicas para você planejar seu cotidiano de maneira inteligente. Ensina também a desenvolver um planejamento diário e semanal que irá reduzir a pressão dos prazos e ajudá-lo a manter uma rotina produtiva.

Aplicando as 24 lições sugeridas nesse livro, você vai aprender a se dedicar ao que é mais importante e a gerenciar sua vida – pessoal e profissional – com mais competência.

## Networking: desenvolva sua carreira criando bons relacionamentos
DIANE DARLING

Executivos e líderes empresariais bem-sucedidos sempre apontam a habilidade de fazer networking como uma das mais poderosas ferramentas para o sucesso profissional. O desafio é tornar-se um mestre na arte de cultivar relacionamentos que tragam benefícios para todos os envolvidos.

Esse é o principal objetivo de *Networking: desenvolva sua carreira criando bons relacionamentos* – ensinar cada pessoa a superar a timidez, ampliar suas conexões e criar seu próprio estilo de fazer novos contatos.

Esse livro se baseia na idéia de que todo mundo pode aprender a fazer networking de maneira eficaz. E traz 24 dicas para desenvolver um programa de ações envolvendo as pessoas que você conhece e as que virá a conhecer – além de um planejamento estratégico para você conseguir o que deseja, enquanto ajuda os outros a também realizarem seus desejos.

## Como administrar seu tempo
MARC MANCINI

Se for verdade que tempo é dinheiro, imagine quanto você deve ter gasto até hoje. Parece impossível trabalhar sem ser interrompido, surpreendido por avalanches de novas tarefas ou sufocado por prazos cada vez menores. Mas acredite: existem estratégias simples que podem mudar completamente essa situação.

*Como administrar seu tempo* apresenta dicas práticas e extremamente úteis para ajudá-lo a organizar sua agenda, sua mesa de trabalho, suas prioridades e sua vida – e, conseqüentemente, torná-lo mais produtivo e menos estressado.

Baseado em situações reais e comuns ao dia-a-dia de qualquer profissional, esse livro ensina técnicas de administração do tempo para que seu trabalho renda mais e você não se sinta tão esgotado ao final do expediente.

**Aprenda a se comunicar com habilidade e clareza**
LANI ARREDONDO

Com o desenvolvimento da tecnologia, hoje podemos nos comunicar com mais pessoas e com maior rapidez. Mas será que estamos nos comunicando melhor? A comunicação eficiente – dizer o que se quer e usar as palavras certas para produzir os resultados desejados – ainda é um grande desafio.

Esse livro ensina 24 estratégias simples e práticas para transformar qualquer pessoa em um excelente comunicador, oferecendo técnicas para você fazer apresentações eficazes, se relacionar com os outros com gentileza e objetividade e solucionar os conflitos no ambiente de trabalho.

Independentemente do cargo que ocupa, *Aprenda a se comunicar com habilidade e clareza* vai ajudar você a conquistar o respeito e a admiração das pessoas com que trabalha.

### Desenvolva sua capacidade de liderança
JOHN H. ZENGER E JOSEPH FOLKMAN

*Desenvolva sua capacidade de liderança* apresenta dicas e estratégias para você se tornar um líder excepcional, além de um programa de 24 passos para você colocar em prática suas habilidades pessoais e profissionais e, dessa forma, dar sua contribuição para o sucesso da empresa e de seus colaboradores.

Nesse livro, você vai aprender que não é eliminando suas deficiências que você passará a ser percebido como um líder mais eficaz. O segredo da excelência é reconhecer as próprias carências e dificuldades e transformá-las em pontos positivos. Na verdade, os grandes líderes possuem poucos e bons pontos fortes.

A boa notícia é que a liderança é muito mais do que um dom natural – trata-se de uma habilidade que pode ser desenvolvida.

## Conheça outros títulos da Editora Sextante

*1.000 lugares para conhecer antes de morrer*, de Patricia Schultz

*A História – A Bíblia contada como uma só história do começo ao fim*, de The Zondervan Corporation

*A última grande lição*, de Mitch Albom

*Conversando com os espíritos* e *Espíritos entre nós*, de James Van Praagh

*Desvendando os segredos da linguagem corporal* e *Por que os homens fazem sexo e as mulheres fazem amor?*, de Allan e Barbara Pease

*Enquanto o amor não vem*, de Iyanla Vanzant

*Faça o que tem de ser feito*, de Bob Nelson

*Fora de série – Outliers*, de Malcolm Gladwell

*Jesus, o maior psicólogo que já existiu*, de Mark W. Baker

*Mantenha o seu cérebro vivo*, de Laurence Katz e Manning Rubin

*Mil dias em Veneza*, de Marlena de Blasi

*Muitas vidas, muitos mestres*, de Brian Weiss

*Não tenha medo de ser chefe*, de Bruce Tulgan

*Nunca desista de seus sonhos* e *Pais brilhantes, professores fascinantes*, de Augusto Cury

*O monge e o executivo*, de James C. Hunter

*O Poder do Agora*, de Eckhart Tolle

*O que toda mulher inteligente deve saber*, de Steven Carter e Julia Sokol

*Os segredos da mente milionária*, de T. Harv Eker

*Por que os homens amam as mulheres poderosas?*, de Sherry Argov

*Salomão, o homem mais rico que já existiu*, de Steven K. Scott

*Transformando suor em ouro*, de Bernardinho

## Informações sobre os próximos lançamentos

Para saber mais sobre os títulos e autores
da EDITORA SEXTANTE,
visite o site www.sextante.com.br
e curta as nossas redes sociais.
Além de informações sobre os próximos lançamentos,
você terá acesso a conteúdos exclusivos
e poderá participar de promoções e sorteios.

- www.sextante.com.br
- facebook.com/esextante
- twitter.com/sextante
- instagram.com/sextante
- skoob.com.br/sextante

Se quiser receber informações por e-mail,
basta se cadastrar diretamente no nosso site
ou enviar uma mensagem para
atendimento@esextante.com.br

Editora Sextante
Rua Voluntários da Pátria, 45 / 1.404 – Botafogo
Rio de Janeiro – RJ – 22270-000 – Brasil
Telefone: (21) 2538-4100 – Fax: (21) 2286-9244
E-mail: atendimento@esextante.com.br